FAMILIENREISEFÜHRER

# Venedig



**ACHTUNG:**

**Ab 2019 wird für den Besuch Venedigs voraussichtlich Eintritt erhoben.**

familia Verlag

*Reisen ist in der Jugend ein Teil der Erziehung,*
*im Alter ein Teil der Erfahrung.*

*(Francis Bacon)*

**Wenn Sie diesen Familienreiseführer in den Händen halten, haben Sie den ersten Schritt zu einem angenehmen, organisierten Urlaub mit Ihren Kindern gemacht! Mit übersichtlichen Reisehinweisen, einer auf das Wesentliche begrenzten Stadtbesichtigung und vielen Ausflugsmöglichkeiten werden Sie eine sorgenfreie Zeit mit Ihrer Familie im wunderschönen Venedig verbringen.**

Venedig ist ein Phänomen aus Inseln und Wasser. Um dies mit Ihren Kindern zu erleben, verlangt es nach keiner stressigen Reisevorbereitung oder überlangen Listen. Wir garantieren eine kinderleichte Organisation anhand nützlicher Tipps. Besondere Informationen oder Hinweise wurden im Reiseführer farblich hervorgehoben, um einen ersten Anreiz beim Lesen zu bieten. Dank dem kinderfreundlich illustrierten Stadtplan, kann sich zudem jedes Familienmitglied schnell zurechtfinden. Der „Familienreiseführer: Venedig – Mit Kindern durch die Stadt" ist perfekt geeignet für eine kurze und reibungslose Urlaubsreise mit der ganzen Familie nach Venedig.

Und nun viel Spaß in der Lagunenstadt!
*Ihr familia Verlag*

# Einleitung

- ☑ Über Venedig
- ☑ Historischer Überblick

## Über Venedig

Venedig (ungefähr 265.000 Einwohner, darunter leben ca. 60.000 in der Altstadt) gehört zu Italien und befindet sich an der westlichen Adriaküste im Norden des Mittelmeerraums. Bekannt ist die aus 118 Inseln bestehende Stadt für über 400 Brücken und zahlreiche Kanäle. Die Lagune wurde 1987 zum UNESCO-Weltkulturerbe erklärt. *Die historische Stadt besteht aus sechs Stadtteilen (auf Italienisch Sestiere): San Polo, Santa Croce, Cannaregio, Dorsoduro, San Marco und Castello.* Venedig, heute Hauptstadt der italienischen Region Venetien, ist auch unter dem Spitznamen *La Serenissima* (die Heiterste) bekannt.

↓ *Venedig ist für seine Wasserwege berühmt*

## Historischer Überblick

| | |
|---|---|
| 421 | Aussiedler aus dem Umland gründen die Stadt Venedig |
| 697 | **Gründung der Republik Venedig** mit der Wahl des ersten Dogen |

*Die **Dogen** waren über 1.000 Jahre lang die Staatsoberhäupter der Republik Venedig. Im Lauf der Geschichte gab es insgesamt 120 Dogen, die von der venezianischen Aristokratie auf Lebenszeit gewählt wurden.*

| | |
|---|---|
| 9. Jh. | Bau der ersten Basilika und Dogenresidenz |
| 976 | Brand in Venedig. Berühmte Häuser, darunter die erste Basilika und Dogenresidenz, werden zerstört |
| 10.-12. Jh. | **Aufstieg des Handels in Venedig**; Bau der Brücken, Kanäle und Denkmäler |
| 11. Jh. | Errichtung des Markusdoms (*Basilica di San Marco*) |

*Im 9. Jahrhundert beförderten venezianische Seefahrer die Gebeine des Evangelisten Markus von Ägypten nach Venedig. Laut Bibel wurde Markus als der geflügelte Löwe dargestellt. Daher wurde er schon im Frühmittelalter zu einem Beschützer Venedigs. Der* ***Markuslöwe*** *wird normalerweise mit einem aufgeschlagenen Buch dargestellt. In der Legende heißt es, dass er zu Kriegszeiten eher mit einem verschlossenen Buch und Schwert abgebildet wurde.*

12.-13. Jh. Venedig schließt sich den Kreuzzügen an

*Im 13. Jahrhundert wurde* ***Marco Polo*** *in Venedig geboren. Die mysteriöse Geschichte von einem venezianischen Händler, der durch Zentralasien und China gereist sein soll, regt noch heute die Fantasie an.*

13.-14. Jh. **Genuesisch-Venezianische Kriege**

14. Jh. Dogenpalast wird ausgebaut und fertiggestellt

15.-16. Jh. Brände in Venedig beschädigen den Dogenpalast

1571 **Seeschlacht von Lepanto**, Sieg über die Türken

1786 Goethe besucht Venedig

1797 **Untergang der Republik Venedig**

***Napoleon*** *und seine Truppen besetzen die Stadt und lösen die Republik Venedig auf. Die Franzosen ließen zahlreiche Kostbarkeiten und Kunstdenkmäler, wie zum Beispiel die Pferde von San Marco, nach Paris bringen. Die vier Pferde wurden 1815 zurück nach Venedig befördert und schmücken noch heute die Frontfassade des Markusdoms.*

1848 **Revolution in Venedig**, Gründung der kurzlebigen Republik San Marco

1866 Venedig fällt dem Königreich Italien zu

1883 Richard Wagner stirbt in Venedig (im *Palazzo Vendramin* in Cannaregio)

1902 Markusturm stürzt in sich zusammen

1912 Nach stetigem Wiederaufbau wird der Markusturm 10 Jahre nach seinem Zusammensturz feierlich eingeweiht

1932 Internationale Filmfestspiele von Venedig wurden gegründet

*Das älteste internationale Filmfestival der Welt wird jährlich von Ende August bis Anfang September auf der Insel Lido gefeiert. Die rennomierteste Auszeichnung ist* ***der Goldene Löwe*** *(Leone d'Oro), den der preisgekrönte Filmregisseur als Hauptpreis des Wettbewerbs erhält. Außerdem gibt es den Silbernen Löwen und andere Auszeichnungen, mit denen Filmemacher geehrt werden.*

1966 Das höchste gemessene Hochwasser *acqua alta* (194 cm über NN) Venedigs

1996 Brandstiftung im weltbekannten Theater *Teatro La Fenice*

2004 Fertigstellung der Rekonstruktion des *Teatro La Fenice*

2013 Verbot der Kreuzschifffahrt

2015 Kreuzschifffahrt-Verbot wird wieder aufgehoben. Die Zukunft des Kreuzschiffverkehrs in Venedig ist dennoch unklar

*Unter der Seufzerbrücke (Ponte dei Sospiri) →*

# Reisehinweise

- ☑ Klima und Reisezeit
- ☑ Allgemeine Familientipps
- ☑ Unterkunft
- ☑ Anreise
- ☑ Medizinische Versorgung
- ☑ Mit Haustieren unterwegs
- ☑ Festivalkalender für Familien
- ☑ Spielplätze und Naherholungsgebiete
- ☑ Geschäfte für Kinder

# Klima und Reisezeit

Venedig verfügt über ein **Mittelmeerklima** mit **milden Wintern und warmen Sommern**. Niederschläge sind gleichmäßig über das ganze Jahr verteilt. Die Jahresdurchschnittstemperatur beträgt 17 Grad. Für einen idealen Familienurlaub empfehlen wir die Anreise **im Mai oder September**.

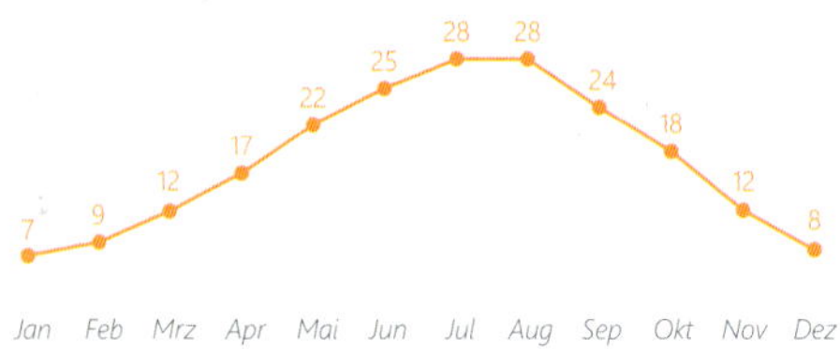


↑ *Durchschnittliche Tageshöchsttemperaturen (°C)*

Von einem Besuch in der Hochsommersaison (Juli und August) ist, aufgrund der **Touristenflut und Hitze**, nach Möglichkeit abzusehen. Besteht Ihrerseits kein Interesse an Festivals, meiden Sie besser **die Festivalzeiten oder Feiertage** (Ostern, Karneval, Biennale).

Informieren Sie sich über eine eventuelle Hochwassergefahr (*acqua alta*) während der regenstarken Herbstmonate Oktober und November.

Vermeiden Sie den Besuch der Hauptsehenswürdigkeiten zwischen 9-10 Uhr am Vormittag und 18-19 Uhr am Abend, besonders an Wochenenden.

Nutzen Sie auf dem Weg zum Markusplatz lieber die kleinen Seitengassen, die weniger überlaufen sind.

Für den Restaurantbesuch zum Abendessen suchen Sie sich am besten die weniger frequentierten Straßen der Altstadt heraus. Auch benachbarte Stadtgebiete, z. B. Cannaregio oder Castello, haben hübsche Restaurants.

## Allgemeine Familientipps

- Nehmen Sie statt Kinderwagen ein Tragetuch oder einen Tragerucksack für Kinder mit. In Venedig sind **Hunderte von Brücken**, die meist nur über Treppen begehbar sind. Viele davon haben kein Geländer, daher ist Vorsicht geboten.
- Nutzen Sie **Toiletten** in Hotels, Museen und Restaurants. Öffentliche Toiletten sind rar, ziemlich teuer und häufig überfüllt.
- Das **Füttern von Tauben** ist in Venedig untersagt und strafbar.
- Das **Betreten einer Kirche** in zu kurzer Kleidung (über dem Knie), Badebekleidung sowie Badeschuhen wird nicht toleriert. Zu große Rucksäcke müssen ebenfalls draußen bleiben.
- Auf der Suche nach der passenden Hotelunterkunft, sollten Sie beachten, dass eine durchschnittliche **Zimmergröße in der Altstadt** nur etwa **25 m²** beträgt.
- Teures **Muranoglas** sollten Sie nur mit Echtheitszertifikat kaufen (Fälschungen in Umlauf).
- **Briefkästen** für Sendungen nach außerhalb Italiens sind **rot**. Blaüe Briefkästen sind für den Postweg im Inland.
- In Cafés und Bars ist **Trinken im Stehen** billiger als im Sitzen.
- Manche Sehenswürdigkeiten dürfen von innen **nicht fotografiert** werden (z. B. Innenräume des Markusdoms). Achten Sie unbedingt auf die Hinweisschilder!
- Fragen Sie vor der Gondelfahrt nach dem **genauen Preis**.

↓ *Durchschnittliche Niederschlagsmenge (mm)*

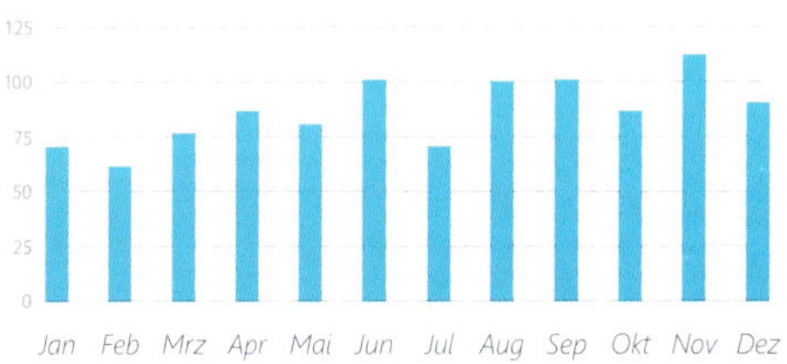


↓ *Familie am Strand auf Lido*

# Unterkunft

## Hotel

Das **Hotel Le Isole***** ist genau auf die Bedürfnisse von Familien abgestimmt und liegt nur 300 m vom Markusplatz entfernt. Die großen Zimmer mit Klimaanlage und gratis WLAN-Zugang sind mit schönem Mobiliar ausgestattet.

- Campo San Provolo, 4661 Castello
- +390415228911
- Familienzimmer in der Hochsaison (2 Erwachsene + 2 Kinder) ca. 300-400 € pro Nacht
- www.hotel-leisole.it/de

## Apartment

Eine gute Alternative zum Hotel stellen die traditionell möblierten und familienfreundlichen **Ferienwohnungen Cà Dorin** im Stadtviertel San Polo dar.

- Salizada S. Polo, 2012 San Polo
- +393488126618
- ungefähr 150-200 € pro Nacht
- www.cadorinsanpoloapartments.com/de

## Campingplatz

Das **Camp San Nicolò** auf der Insel Lido erstreckt sich auf einer Fläche von 5.000 m² in einer ruhigen Umgebung. Gängige Camp-Dienstleistungen und dazugehörige sanitäre Einrichtungen sowie Kinderspielplätze sind selbstverständlich vorhanden. Alle relevanten Informationen und Kontaktdaten finden Sie auf der Homepage.

- Via dei Sanmicheli 14, 30126 Lido
- +390415267415
- www.campingsannicolo.com/deu

# Anreise

## Straßenverkehr

In Italien muss Maut je nach gefahrenen Kilometern gezahlt werden. Aus dem deutschsprachigen Raum bis nach Venedig muss man etwa 20,00 € für die italienische Maut einrechnen. Genaue Informationen erhalten Sie unter: www.autostrade.it/en/home.

Stellen Sie am besten Ihr Fahrzeug am Festland (Mestre) in Parkhäusern ab. Ein Parkplatz kostet 15,00 € für 24 Stunden. Die Parkgebühr bezahlt man sofort nach Abholung des Fahrzeuges. Vor Ort verkehrt alle 10 Minuten eine Buslinie direkt in die Altstadt.

Parkhaus: Corso del Popolo 55, 30100 Mestre

Parkhaus: www.garageeuropamestre.com/de

## Eisenbahn und Bus

Mit der **Deutschen Bahn** (München-Venedig) dauert die Fahrt 7-10 Stunden. Einen Fahrschein erhält man ab 39,00 € (in der Regel um die 59,00 €). Eine Alternative ist die **Busgesellschaft Flixbus** (Preise ab München etwa 34,00 €).

Bahn: www.db.de | Bus: www.flixbus.de

## Flugverkehr

Der internationale **Flughafen Marco Polo (VCE)** verfügt über regelmäßige Flugverbindungen in die meisten Städte Deutschlands. Angeflogen wird dieser u. a. von Air Berlin, Lufthansa oder Billigfluggesellschaften, wie EasyJet. Ryanair landet am Flughafen der Stadt Treviso (TSF), etwa 25 km nördlich von Venedig.

www.veniceairport.it/en

## Schiffsverkehr

Die Anlegestelle für Kreuzfahrtschiffe befindet sich im Kreuzfahrtterminal **Stazione Marittima**. Das wachsende Umweltbewusstsein, aber auch ein steigendes Hochwasserproblem in Venedig, wird zukünftig jedoch immer mehr den Kreuzschifffahrtbetrieb einschränken. Informieren Sie sich darüber vorab bei zuständigen Reedereien bzw. Reiseveranstaltern.

www.kreuzfahrten.de

Schiffsverbindungen zwischen Venedig und Slowenien/Kroatien: www.venezialines.com

# *Öffentliches Verkehrsmittel: Wasserverkehr*

## Vaporetti (Schiffbusse)

Fahrkarten sind online, an der ACTV-Kasse (Vaporetti-Haltestellen) oder an Fahrkartenautomaten (*biglietteria*) erhältlich. Die Tickets müssen vor der Fahrt an einem Automaten entwertet werden.

Es gibt 20 Hauptfahrlinien, die bekannteste ist die Linie 1 (Ausgangspunkt *Piazzale Roma*), die über den Canal Grande fährt. Hunde dürfen kostenfrei mitfahren.

Die Karte der Wasserverkehrslinien finden Sie auf den Seiten 14-15.

frei (Kinder bis 6 Jahre), ansonsten: 7,50 € (75 Minuten), 20,00 € (1 Tag), 30,00 € (2 Tage), 40,00 € (3 Tage), 60,00 € (7 Tage)

actv.avmspa.it/en/content/prices

## Motoscafi (Taxiboote)

Die Preise richten sich nach der Entfernung. Normalerweise kostet eine Fahrt vom Flughafen Marco Polo bis zum Bahnhof Santa Lucia rund 100,00 €. (Service ist nicht verfügbar

in der Zeit von 23:00 bis 5:00 Uhr). Maximal 10 Personen können mit einem Taxiboot befördert werden.

www.motoscafivenezia.it/deu

### Traghetto (Fähre)

Für etwa 2,00 € pro Person ist eine kurze Fahrt (dauert maximal ein paar Minuten) von einer Seite des Canal Grande zur anderen möglich. Während der Fahrt muss man stehen, deswegen könnte es für Kleinkinder anstrengend werden.

## *Gepäckaufbewahrung*

*An folgenden Hauptbahnhöfen ist die Gepäckaufbewahrung im Erdgeschoss zu finden.*

***Venezia Mestre***

*Viale Stazione*

*täglich 08:00-20:00 Uhr*

***Santa Lucia***

*Fondamenta Santa Lucia 54/b*

*täglich 06:00-24:00 Uhr*

*6,00 € (erste 5 Stunden), 0,90 € (jede weitere Stunde), ab 12 Stunden 0,40 € (für jede Stunde)*

### Gondole (Gondeln)

Gondeln sind in der Regel für sechs Personen geeignet. Alle zusätzlichen Leistungen (Sänger usw.) sind gegen Aufpreis verfügbar. Kleine Hunde sind erlaubt und fahren kostenfrei mit.

Eine Fahrt (ca. 30 Min.) kostet ca. 90,00 € und die Nachtfahrten ab 19:00 Uhr ca. 110,00 €.

www.venedig.com/index.htm

↓ *Hochbetrieb in Venedig*

# Actv

# Linee di navigazione \ Waterborne

I biglietti Actv sono in vendita presso i punti vendita Venezia Unica, le biglietterie automatiche, i rivenditori autorizzati, www.veneziaunica.it e personale Actv (ove previsto). Consulta la mappa dei rivenditori autorizzati su www.actv.it .

Actv tickets can be purchased from Venezia Unica ticket points, automatic ticket machines, authorized resellers, Actv staff (if so provided) or from www.veneziaunica.it . Browse the map of our authorized resellers at www.actv.it .

---

- 1
- 2
- 3
- 4.1 4.2
- 5.1 5.2
- 6
- 7
- 8
- 9
- 10
- 11
- 12
- 13
- 14
- 15
- 16 *
- 17
- 18
- 19 *
- 20
- 22
- N Linee notturne / Night services

PM People Mover / Funicolare terrestre / Cable railway (Shuttle P.le Roma / Marittima / Tronchetto)

- A \ Alilaguna arancio *
- B \ Alilaguna blu *
- R \ Alilaguna rossa *

* Non sono validi i titoli di viaggio Actv / Actv tickets and passes are not valid

Ricordati di consultare gli orari esposti / Remember to read the timetables shown

Punti vendita o biglietterie automatiche Venezia Unica / Venezia Unica ticket points or self-service ticket machines

Informazioni turistiche / Tourist information

La linea ferma / The waterbus does stop here

La linea non ferma / The waterbus does not stop here

Linea stagionale / Seasonal route

# outes

www.actv.it

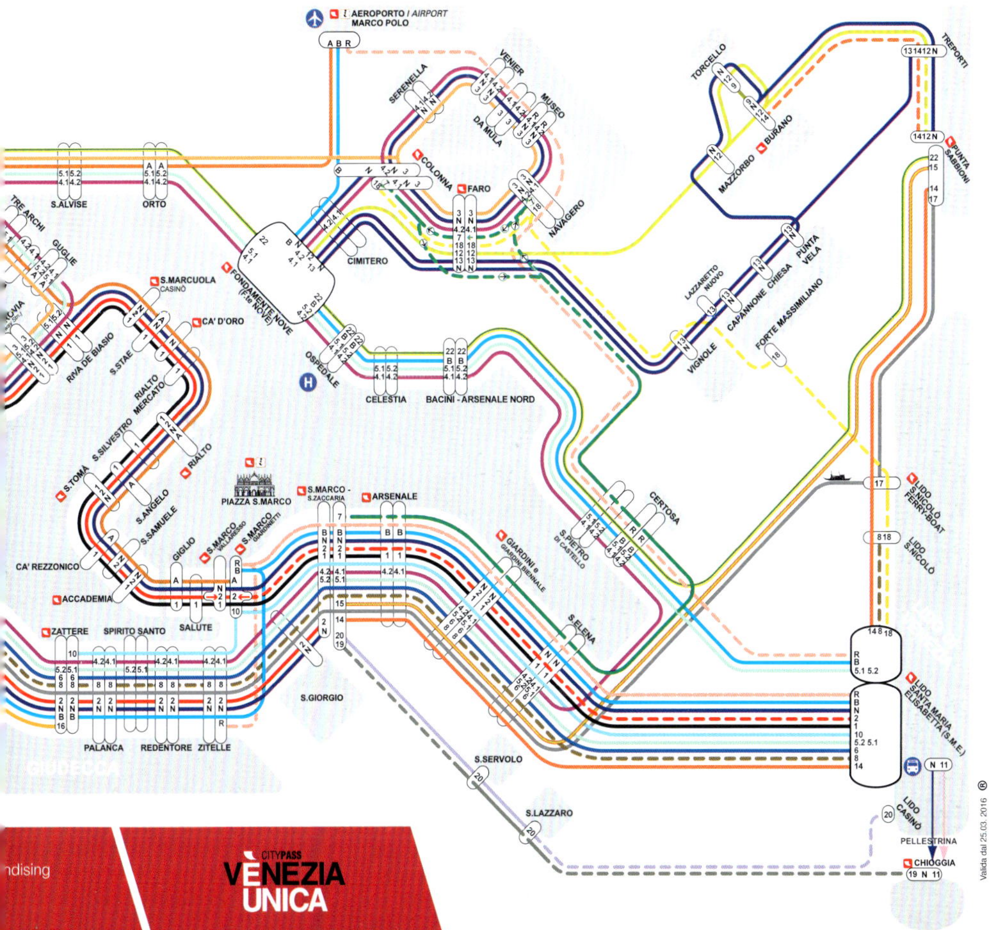


CITYPASS VÈNEZIA UNICA

ndising

## Medizinische Versorgung

Alle EU-Bürger können ohne Einschränkungen nach Italien reisen und erhalten dort die wichtigste Notfallversorgung und den Zugang zu Ärzten und Apotheken.

Die allgemeine Notrufnummer ist die **118**.

Ortsansässige Rettungsdienste bieten Ihnen medizinische Versorgung an:

- **Piazzale Roma**
  Piazzale Roma, 496 Santa Croce
  täglich 08:00-20:00 Uhr
- **Piazza San Marco**
  Piazza San Marco, 63/65
  täglich 08:00-20:00 Uhr
- **Krankenhaus SS. Giovanni e Paolo**
  „Ospedale SS. Giovanni e Paolo", nah der Straße Fondamenta Nove, 6777 Castello
  Vaporetto: Linien 4.1/4.2, 5.1/5.2
  Haltestelle: „Ospedale"
  +390415294111

Apotheken sind normalerweise von 08:30-12:30 Uhr und von 16:00-20:00 Uhr von Montag bis Freitag und Samstag von 09:00-12:00 Uhr geöffnet. Beispielsweise, die **Apotheke *Farmacia Della Vecchia e del Cedro Imperiale*** befindet sich unweit der Rialtobrücke (Corte Teatro, 4598 San Marco) und eignet sich gut für Familien.

## Mit Haustieren unterwegs

In der Stadt müssen Hundebesitzer ihr Tier anleinen. Während der Vaporetti-Fahrt sind den Vierbeinern Maulkörbe anzulegen.

Wie in Deutschland, sind Sie auch in Venedig dazu verpflichtet, die Hinterlassenschaften Ihres Hundes zu beseitigen. In geschlossenen Räumen (Museen, Kirchen) sind Tiere normalerweise nicht erlaubt. Im Sommer wird von einer Anreise nach Venedig mit Haustieren aufgrund der großen Hitze abgeraten. Empfohlene Tierklinik:

**Ambulatorio Veterinario Camali**

Via S. Tomà, 2789 Dorsoduro
Neben der Kirche *Chiesa di San Barnaba.*
Mo.-Fr. 10:00-12:30 Uhr
+39041719550

# Festivalkalender für Familien

## Biennale

Seit 1895 findet alle zwei Jahre die internationale Kunstausstellung statt. Auch Workshops für Kinder gehören zum Angebot. Weitere Infos finden Sie unter www.labiennale.org/en.

## Karneval

Vom 6. Januar bis Aschermittwoch ist Karnevalszeit. Farbenfroh, tosend und einmalig! Vergessen Sie nicht, Ihr Karnevalskostüm und die Kamera einzupacken. Sie sind **außerhalb der Karnevalszeit** in Venedig? Kein Problem, besuchen Sie den Laden **Ca' Macana** und kreieren Sie Ihre persönliche Maske zusammen mit Ihren Kindern.

Calle de le Boteghe, 3172 Dorsoduro

täglich 10:00-18:30 Uhr (Winterzeit)
täglich 10:00-20:00 Uhr (Sommerzeit)

## Erlöserfest

Am dritten Sonntag im Juli wird zur Erinnerung an die Befreiung von der Pestepidemie 1577 das *Festa del Redentore* gefeiert. Auf den Straßen finden zahlreiche Straßenfeste statt. Es wird sogar eine Brücke zur Insel Giudecca errichtet.

## Historische Regatta

Am ersten Septembersonntag findet die größte Regatta Venedigs statt. Betrachten Sie das Spektakel von einer schwimmenden Plattform aus.

frei (Kinder unter 6 Jahren), 30,00 € (Kinder 6-18 Jahre) und 60,00 € (Erwachsene)

www.regatastoricavenezia.it

# Spielplätze und Naherholungsgebiete

Spielmöglichkeiten bieten sich in der Stadt auf kleinen Plätzen, den italienischen ***Campos*** (z. B. *Campo di Santa Margherita, Campo San Giacomo dell'Orio, Campo di San Polo*, usw.), wo auch viele einheimische Kinder spielen. Die Eltern brauchen sich keine Sorgen um Verkehrsunfälle zu machen, da es in Venedig so gut wie keine Autos gibt. Doch Vorsicht beim Spielen in unmittelbarer Nähe von Kanälen!

Im Folgenden finden Sie eine kurze Liste vorhandener **Grünanlagen und Kinderspielplätze** (Schaukeln, Klettergerüste) nach Stadtgebieten, die sich fern von Touristenpfaden befinden.

Santa Croce:

- **Giardino Papadopoli**
  Fondamenta Papadopoli

Cannaregio:

- **Parco Savorgnan**
  Calle del Vergola
- **Parco Villa Groggia**
  Calle del Capitelo

Castello:

- **Park beim Biennale-Pavillons**
  Viale Giardini Pubblici
- **Parco delle Rimembranze**
  Viale Vittorio Venetto (hinter der Sant'Elena Vaporetto-Haltestelle)

**Auf den Inseln** gibt es mehrere Spielmöglichkeiten, vor allem auf der **Insel Lido** (am *Lungomare D'Annunzio* auf der Promenade neben dem Strand).

← *Berühmtes venezianisches Karnevalskostüm*

# Geschäfte für Kinder

## Spielwarengeschäfte

### Signor Blum

Handgemachte Holzspielzeuge, Dekorationen, Puzzle, Magnete und andere Souvenirs mit venezianischen Motiven, die sowohl Kinder als auch Erwachsene erfreuen werden. Einzigartig!

Campo San Barnaba, 2840 Dorsoduro
Direkt am Kanal an der Ecke, neben Kirche.

täglich 10:00-14:00 Uhr, 15:00-19:30 Uhr

www.signorblum.com

### Disney Store

Nahe der Rialtobrücke befindet sich der Disney-Store – ein wahres Kinderparadies! Dort warten Spielzeuge, Kostüme, Jacken, T-Shirts, Plüschtiere und vieles mehr auf die kleinen Besucher.

Campo San Bartolomeo, 5257 San Marco

täglich 09:30-20:30 Uhr

### Lanterna Magica

An der kleinen Brücke, gegenüber dem Laden Signor Blum, steht ein kleines Geschäft mit vielen

Spielsachen, von denen Ihre Kinder mit Sicherheit hellauf begeistert sein werden.

Campo San Barnaba, 2840 Dorsoduro
Neben der Kirche *Chiesa di San Barnaba.*

Mo. 15:30-19:30 Uhr, Di.-Sa. 09:30-19:30 Uhr

## Bekleidungsgeschäfte

### FATA Morgana

Alle möglichen Kleider sowie Badebekleidung, Schuhe und Zubehör für Kinder von 0-16 Jahren. Es gibt auch ein kleines Angebot an Stofftieren.

Rio Terà della Maddalena, 2346/A
Cannaregio

Mo.-Sa. 09:30-19:30 Uhr, So. 10:00-19:00 Uhr

+390412750114

### Mosca cieca

„Mosca cieca" ist eine Anspielung auf das beliebte Kinderspiel Blinde Kuh. Entdecken Sie in diesem Geschäft bezaubernde Kleidung für Säuglinge und Kinder bis 10 Jahren.

Salizada San Canzian, 5917/A Cannaregio

Mo.-Sa. 09:30-19:30 Uhr

+390415284051

*Mediterrane Stimmung inmitten der Stadt* →

# Mit der Familie durch die Stadt

- Rialtobrücke
- Markusplatz
- Familienfreundliche Museen
- Ausflugsmöglichkeiten: Lagune mit Inseln
- Weitere Attraktionen

***Die Lagunenstadt wird täglich von zahlreichen Touristen besucht, wobei reges Treiben auf den Kanälen mit den zahlreichen Gondeln herrscht. Auf den ersten Blick erscheint die Stadt zu überfüllt für einen gemütlichen Familienausflug. Dennoch kann man einen Stadtbesuch mit den Kleinen einplanen. Nehmen Sie sich für die Sehenswürdigkeiten ausreichend Zeit und stellen Sie den Kindern kreative Aufgaben. So können Sie das Interesse Ihrer Kleinen an der Stadtbesichtigung wecken. Vergessen Sie natürlich auch nicht, genügend Zwischenstopps einzulegen.***

## Rialtobrücke

*Der perfekte Start für eine Erkundungstour durch Rialto ist, schon auf dem Fährterminal Rialto Mercato auszusteigen. Die italienische Lebensfreude lässt sich am besten auf dem venezianischen Stadtmarkt nachempfinden.*

Jeden Morgen (ab 07:30 Uhr in Betrieb, Ausnahme: Sonntag) begegnen sich Einheimische hier wie zu Zeiten der alten Venezianer, als **der Markt von Rialto** ein zentraler Handelsplatz war. Der entzückende Platz liegt direkt am Canal Grande. An den Verkaufsständen wird **frischer regionaler Fisch,** wie Sardinen, Tintenfisch, Schwertfisch, Hai, Garnelen, Krebse, Hummer, sowie andere Köstlichkeiten, wie **Gemüse und Gewürze,** zum Verkauf angeboten.

Ein Bummel durch die Stände wird auch für Ihre Kinder sehr interessant sein, da sie dort ein außergewöhnliches Angebot der lokalen Fischerei kennenlernen können. Für Familien, die in Ferienwohnungen oder auf Campingplätzen untergebracht sind, bietet es sich an, frischen Fisch einzukaufen und selbst zuzubereiten. Denken Sie daran, die hiesigen Händler feilschen gern. Lassen Sie sich ruhig auf diesen Spaß ein!

Die **Ponte di Rialto** (auf Deutsch einfach Rialtobrücke) ist 48 m lang und etwa 22 m breit. Den Namen Rialto (*rivo alto*), der wortwörtlich „hohes Ufer" bedeutet, verdankt die Brücke ihrem Standort in **der ältesten Siedlung Venedigs** auf der Insel Rialto. Die berühmte Brücke, welche die beiden Stadtteile San Polo und San Marco miteinander verbindet, wurde Ende des 16. Jahrhunderts fertiggestellt.

*Bis ins 19. Jahrhundert war sie die einzige Brücke aus Stein über dem Canal Grande. So schmückt sie sich außerdem mit dem Titel der ältesten, noch erhaltenen Brücke Venedigs.* Vorher gab es zwar einige Holzbrücken, diese waren aber nicht sicher und stürzten im Laufe der Zeit immer wieder ein. An den Plänen zum Bau der Rialtobrücke soll sich auch der berühmte Bildhauer und Architekt **Michelangelo** beteiligt haben.

↓ *Die Rialtobrücke über dem Canal Grande*

MESTRE
600 M
HAUPTBAHNHOF SANTA LUCIA
PIAZZALE ROMA
SANTA CROCE
SAN POLO
CANAL GRANDE
SAN MARCO
DORSODURO
2
3
VENEDIG
NAHERHOLUNGSGEBIETE
SANITÄRBEREICH
MUSEEN:
1 Dogenpalast (S. 35)
2 Museum für Naturgeschichte (S. 36)
3 Peggy Guggenheim Sammlung (S. 37)
4 Das Schifffahrtsmuseum (S. 38)
100 M
GASTRONOMIE:
1 Pizzeria Megaone (S. 27)
2 Rosticcerria Gislon (S. 27)
3 Gelatoteca SuSo (S. 27)
4 Cioccolateria Vizio Virtù (S. 28)
5 Dal Moro's - Fresh Pasta To Go (S. 33)
6 Al Chianti (S. 34)
7 Cioccogelateria Venchi (S. 34)
8 Rosa Salva (S. 34)

MURANO
BURANO
N
W
O
S
CANNAREGIO
CASTELLO
RIALTO-BRÜCKE
1
2
3
4
5
6
7
8
MARKUS-PLATZ
1
4
SAN GIORGIO MAGGIORE
LIDO
600 M
900 M

## *Aufgaben für Kinder*

1. Stelle mit Hilfe einer Karte (z. B. auf den Seiten 24-25) fest, wie viele Brücken den Canal Grande überqueren.
2. Eine der bekanntesten Bühnenfiguren, die noch heute häufig als Karnevalskostüm dargestellt wird, heißt *l'Arlecchino* (der Harlekin). Er befindet sich auf der Rückseite dieses Buches. Kannst du ihn auch in Venedig finden (auf Bildern, Schaufenstern, Plakaten, usw.)?

## *Highlights*

### Chiesa San Giacomo di Rialto

Die älteste Kirche Venedigs wird laut einer Legende eng mit der Gründung der Stadt verbunden, so soll die Grundsteinlegung schon im Jahr 421 stattgefunden haben. Tatsächlich erbaut wurde sie im 11. Jahrhundert. Die Frontseite der Kirche ist mit einer auffälligen Uhr und einem schönen Ziffernblatt verziert.

Campo San Giacomo di Rialto

Mo.-Sa. 09:00-17:00 Uhr frei

### Palazzo dei Camerlenghi

Direkt an der Rialtobrücke findet man den Renaissancepalast *Palazzo dei Camerlenghi* aus dem 16. Jahrhundert. Das Gebäude diente einst der venezianischen Finanzbehörde. Im Erdgeschoss befinden sich die geräumigen Zimmer, die einst Gefängniszellen für zahlungsunfähige Bürger waren.

### Fondaco dei Tedeschi

Gegenüber vom *Palazzo dei Camerlenghi* steht die „Stiftung der Deutschen", ein historisches Handelshaus deutschsprachiger Kaufleute. Das heutige Bauwerk wurde im 16. Jahrhundert errichtet. Der erste Bau fiel im 13. Jahrhundert einem Brand zum Opfer.

### Casa di Marco Polo

In der Nähe der Rialtobrücke steht das Geburtshaus des berühmten Marco Polo, in welchem er im Jahr 1254 das Licht der Welt erblickt haben soll. Die Fassade des Hauses sieht nicht sonderlich spektakulär aus, denn es ist weder Museum noch Palast, sondern eher ein typisch bürgerliches Haus in Venedig. Dennoch ist es für alle Geschichtsliebhaber sicher einen kurzen Blick wert.

Calle Scaleta, 5850A Cannaregio

## Gastronomie

### Pizzeria Megaone

Wenn der Magen knurrt und Sie Ihren Hunger mit einem Stück leckerer Pizza stillen möchten, gibt es dafür keinen besseren Ort als diese Pizzeria. Sie bietet sich für alle an, die auf dem Weg zum Markusplatz sind. Ein Stück Pizza zum Mitnehmen kostet zwischen 2,50 € und 3,50 €.

Ramo del Fontego dei Tedeschi, 380 San Marco

täglich 09:00-20:00 Uhr

### Rosticceria Gislon

Dieses Lokal liegt nur 100 m von der Rialtobrücke entfernt. Seine Geschichte reicht bis in die 30er Jahre zurück. Hier bietet sich die beste Möglichkeit, eine typisch italienische Mahlzeit zu einem guten Preis-Leistungs-Verhältnis mit der ganzen Familie einzunehmen. Die Rosticceria sieht auf den ersten Blick wie ein kleiner Imbiss aus, doch der Schein trügt. Hier treffen sich auch viele Venezianer, um schmackhafte Nudelgerichte, Meeresfrüchte, Risotto, Sandwiches, etc. zu genießen.

Calle de la Bissa, 5424 San Marco

täglich 09:00-21:30 Uhr

### Gelatoteca SuSo

Die typisch venezianische Eisdiele lockt Gäste mit ihren kreativen Eissorten. Eine Kugel bekommt man ab 1,50 €. Für besondere Geschmacksrichtungen zahlt man 2,00 €.

Calle della Bissa, 5453 San Marco

täglich 09:30-22:30 Uhr

↓ *Leckeres Eis*

**Cioccolateria Vizio Virtù**

Seit 2005 ist ein tolles Schokoladengeschäft mit besonders nettem Personal im Herzen Venedigs in Betrieb. Probieren und kaufen Sie heiße Schokolade, eine breite Palette an Schokoladenriegeln, Trüffeln, Pralinen, Keksen, Eis und anderen kreativen Schöpfungen aus Schokolade.

Der Innenraum wird auch Ihre Kinder begeistern. Die Preise sind etwas höher, doch für diese Qualität erschwinglich. Eine Pralinenschachtel bekommt man ab ca. 12,00 € (9 Stück) bis 42,00 € (35 Stück). Das Geschäft liegt etwa fünf Gehminuten von der Rialtobrücke entfernt.

- 5988 Castello
- Di.-So. 10:00-19:00 Uhr

## Öff. WC- und Wickelbereiche

- Campiello Rialto Nuovo, 552 San Polo
- Mo.-Sa. 07:00-20:00 Uhr, So. 07:00-19:00 Uhr
- 1,50 €
- Neben Sanitäranlagen ist auch ein Wickelplatz vorhanden. Ganz in der Nähe befindet sich das Restaurant *Trattoria Rialto Novo*.

- Campo San Bartolomeo, 5378 San Marco
- täglich 09:00-20:00 Uhr
- 1,50 €
- Toilette mit Wickelplatz.

↓ *Campanile des Markusdoms*

# Markusplatz

Von der Rialtobrücke bis zum Markusplatz benötigt man ohne Zwischenstopps ungefähr 10 Minuten zu Fuß. Der Markusplatz ist einer der von Touristen am **meisten besuchten Plätze der Welt**. Deshalb sollte man den Besuch mit Kindern dort geschickt planen (am besten unter der Woche).

TIPP *Gönnen Sie sich und Ihren Lieben ein leckeres italienisches Eis! Eine gute Gelegenheit für ein „Gelato" bietet sich unterwegs, zum Beispiel in der Eisdiele (jeden Tag 10:00-22:00 Uhr; Calle Dei Fabbri 929, nur 100 m vor dem Markusplatz). Für zwei Sorten leckeres Eis, in großzügigen Portionen, bezahlt man nur 3,00 Euro. Probieren Sie das Sacher-Eis! Des Weiteren gibt es eine reiche Auswahl an Crêpes und anderen Leckereien.*

## Uhrturm

Am Markusplatz stößt man an der nordöstlichen Ecke auf den ***Torre dell'Orologio***. Das Gebäude wurde Ende des 15. Jahrhunderts errichtet. An der Fassade findet man eine schöne **astronomische Uhr**, welche die Jahreszeiten sowie Sonnen- und Mondphasen anzeigt. Auf einer Terrasse ganz oben auf dem Turm befindet sich eine **Glocke**, die von zwei Figuren flankiert und täglich zu jeder vollen Stunde geläutet wird. Darüber hinaus fällt auf der Stirnseite ein riesengroßer Markuslöwe ins Auge.

## Markusdom

Sehen Sie sich um und geben Sie sich der unbeschreiblichen Atmosphäre hin! **Die Umgebung des Markusplatzes mit historischen Meisterwerken und einzigartigen Kunstschätzen** lädt zum Verweilen und Bewundern ein. Hier kann man mit der ganzen Familie über den Platz bummeln.

↓ *Markusplatz*

Keine Frage, Venedigs Wahrzeichen Nummer eins ist unverkennbar der Markusdom (*Basilica di San Marco*) mit ***Campanile***. Es lohnt sich, dieses Bauwerk näher zu betrachten, doch muss man für den Eintritt durchschnittlich 45 Minuten, in der Hochsaison über eine Stunde, Wartezeit einrechnen. Besuchen Sie nach Lust und Laune auch die Innenräume.

*Nov.-Ostern* Mo.-Sa. 09:45-17:00 Uhr, Sonn- und Feiertage 14:00-16:00 Uhr | *Ostermontag bis Oktober* Mo.-Sa. 09:45-17:00 Uhr, Sonn- und Feiertage 14:00-17:00 Uhr

Der Eintritt in die Kirche ist frei, jedoch ist ein Besuch anderer Räume (Museum, Schatzkammer, usw.) nur gegen einen Aufpreis möglich (Museum 5,00 €, Schatzkammer 3,00 €). Eine bessere Lösung für einen Familienbesuch ist die Vorbuchungsoption (für nur 2,00 €, Kinder bis 5 Jahre kostenlos), die Ihnen einen schnellen Zugang gewährleistet.

Online Buchung (bevorzugter Einlass): www.venetoinside.com/attraction-tickets-in-veneto/tickets/skip-the-line-saint-marks-basilica

↓ *Frontseite Markusdom*

Erstaunlicherweise wurde der Markusdom **erst 1807 zur Kathedrale erklärt**. Vorher diente er den Dogen. Das Gebäude wurde als eine private Kapelle für die Dogen genutzt, später auch als Empfangssaal für staatliche Anlässe und andere Feierlichkeiten. Das Gotteshaus wurde mehrmals wieder aufgebaut. Seine ursprüngliche Form wurde durch die **byzantinische Architektur** geprägt. Das heutige Erscheinungsbild stammt **aus dem 11. Jahrhundert** und spiegelt die Größe und Herrlichkeit Venedigs wider.

**Historische Artefakte und großartige Wandmosaike** (zusammen über 8.000 m² Fläche) stellen die Heilsgeschichte auf goldenem Untergrund dar, deshalb wird die Kirche auch ***Chiesa d'Oro*** (Kirche des Goldes) genannt.

TIPP *Wegen der prächtigen Aussicht ist es zwar immer eine verlockende Idee, den Markusturm zu besichtigen (täglich 09:45-19:00 Uhr; Eintritt 8,00 €), dennoch ist das mit Kleinkindern aufgrund der großen Menschenmenge weniger zu empfehlen.*

Um lange Wartezeiten zu vermeiden, wählen Sie lieber **den Turm auf der kleinen Insel San Giorgio Maggiore**. Wenn Sie sich trotzdem in die Schlange der Wartenden einreihen möchten, können Sie Ihre Kinder mit den nebenstehenden Tipps bei Laune halten. Zwischen 11 und 16 Uhr sind die Wartezeiten am höchsten.

## Aufgaben für Kinder

1. Halten Sie ein Heftchen und einige Farbstifte in Ihrer Tasche für die Kinder griffbereit. Uhrturm, Löwenstatuen und andere Motive eignen sich perfekt zur Abbildung direkt vor Ort.
2. Mit unserem Ferientagebuch für Kinder kommt sicher keine Langeweile auf. Kreuzworträtsel, viel Platz zum Zeichnen und leere Seiten zum Festhalten der Eindrücke und Urlaubsbekanntschaften laden dazu ein, langweilige Minuten der Vergangenheit angehören zu lassen.

## Highlights

### Palazzo Ducale

Schon im 9. Jahrhundert stand hier die erste Dogenresidenz und Sitz der Stadtverwaltung Venedigs, das heutige Bauwerk stammt allerdings aus dem Spätmittelalter. Beeindruckende Gemälde und andere Kunstschätze der venezianischen Künstler verkörpern die herrliche maritime Atmosphäre und den Reichtum Venedigs.

### Ponte dei Sospiri

Hinter dem Dogenpalast steht eine weiße Brücke (Seufzerbrücke auf Deutsch), die bei Touristen ein begehrtes Fotomotiv darstellt. Die Brücke stammt aus dem 17. Jahrhundert und führt vom Dogenpalast ins Gefängnis. Der Name entstand, weil die Verurteilten sich von hier aus zum letzten Mal einen Blick auf die Freiheit gönnen konnten.

### Piazzetta dei Leoncini

Neben dem Markusplatz, an der nördlichen Seite des Markusdoms, stehen zwei kleine Löwenstatuen aus besonderem roten Veroneser Marmor.

← *Dogenpalast und eine der Säulen*

### Colonne di San Marco e San Teodoro

Die zwei großen Säulen bilden den Eingang zur Stadt von der Meeresseite aus. Sie wurden im 12. Jahrhundert aus Konstantinopel mitgebracht. Hier war einst auch der Schauplatz von öffentlichen Hinrichtungen, an denen sich Massen von Zuschauern sammelten. Deshalb gehen Sie nicht zwischen den Säulen durch, es soll angeblich Unglück bringen!

### Giardinetti Reali

Hinter dem Markusplatz an der Meeresseite befindet sich ein winziger, aber ruhiger botanischer Garten mit vielen Bänkchen, die für Erholungspausen mit Ihren Kindern bereitstehen. Es ist die einzige Grünanlage neben dem Markusplatz!

## Gastronomie

**Dal Moro's – Fresh Pasta To Go**

Der Laden befindet sich in einer schmalen Gasse und eignet sich für eine leckere Mahlzeit in der Nähe des Markusplatzes (250 m entfernt). Die Preise bewegen sich zwischen 4,00-7,00 Euro für ein echt italienisches Nudelgericht zum Mitnehmen.

Calle De La Casseleria, 5324 Castello

Mo.-Sa. 12:00-20:30 Uhr

**Al Chianti**

Wenn man am Markusplatz in einem preiswerten Restaurant essen möchte, ist dafür *Al Chianti* eine sehr gute Wahl. Fleischgerichte, Fischgerichte, Pasta, sowie auch kalte Vorspeisen, wie Mozzarella mit Tomaten und Desserts (z. B. Tiramisu) runden den schönen Eindruck des Platzes ab.

Calle Larga San Marco, 655 San Marco

Mo.-Sa. 11:00-23:00 Uhr

**Rosa Salva**

Hier können Sie eine Tasse Cappuccino (im Stehen 2,50 €; beachten Sie den Tipp auf Seite 9) vielleicht in Kombination mit einem Croissant zur Stärkung genießen. Auf Ihre Kinder warten regionale Süßigkeiten. Diese Bar (nur 150 m vom Markusplatz entfernt) ist auch für ein Mittagessen (Sandwiches und Häppchen, wie venezianische „Cicchetti" oder „Bruschetta") sehr zu empfehlen.

Calle Fiubera, 950 San Marco

Mo.-Sa. 08:00-20:00 Uhr

**Cioccogelateria Venchi**

Neben einer feinen Auswahl an hausgemachten Eissorten, besticht dieser Laden durch sein Schokoladenangebot und ist ein Vergnügen für alle Schokoladenliebhaber. Viele verschiedene Größen an Pralinenschachteln eignen sich als spezielles Mitbringsel für Ihre Lieben zu Hause. Die Preise bewegen sich etwas über dem Durchschnitt (Schokolade etwa 5,00 € pro 100 g).

Calle dei Fabbri, 989 San Marco

So.-Do. 10:00-21:00 Uhr,
Fr.-Sa. 10:0-22:00 Uhr

## Öff. WC- und Wickelbereich

Calle delle Ascensione, 1265 San Marco

täglich 09:00-20:00 Uhr

1,50 €

Diese Sanitäranlagen mit zwei Wickelräumen befinden sich neben dem *Museo Correr.*

# Familienfreundliche Museen

In Venedig findet man etliche Museen und Kunsteinrichtungen (z. B. *Palazzo Grassi, Palazzo Mocenigo, Ca' Pesaro, Ca' Rezzonico*, usw.), die einige kindgerechte Programme anbieten. Informieren Sie sich unter www.visitmuve.it/en/educational-services/for-families/.

Im Folgenden finden Sie eine Liste von vier Museen, die **auch mit der ganzen Familie** besichtigt werden können. Die empfohlene Aufenthaltsdauer für Familien mit Kindern beträgt **bis zu 2 Stunden** je Museum.

## *Dogenpalast*

Perfekt auf die Kinder zugeschnitten ist die Führung **„Geheime Wege"** durch mysteriöse Räume des Dogenpalastes. Während der Tour, die durch die geheimen und schmalen Gänge führt, sieht man interessante Räume, wie Gefängniszellen (auch von Casanova), eine Folterkammer, eine Alte Kanzlei und überdies andere außergewöhnliche Entdeckungen. Die 75 Minuten lange Sonderführung (auf Englisch) erfolgt nur nach Vorbuchung (mindestens einen Tag vorher). Die Eintrittskarte ermöglicht Ihnen zudem einen umfangreichen Besuch aller anderen Räume des Palastes. Die Führung ist für Schwangere und Kinder unter 6 Jahren nicht geeignet.

Man kann sich auch für eine weitere zweistündige kindgerechte Führung namens **„The Palace with a Tale to Tell"** entscheiden (auch auf Deutsch vorhanden), die durch Spiele, versteckte Hinweise und Erzählung von Legenden die Fantasie der Kinder weckt und auf spielerische Art und Weise den Kleinen die Geschichte näherbringt.

Dogenpalast am Markusplatz
Vaporetto: Linie 1, 2, usw.

Dogenpalast: *Apr.-Okt.* 08:30-19:00 Uhr | *Nov.-Mrz.* 08:30-17:30 Uhr. Kasse wird eine Stunde vor Schließzeit geschlossen.

„Secret itineraries" („Die Geheimen Wege"):
- jeweils um 09:55 Uhr, 10:45 Uhr, 11:35 Uhr
- 14,00 € (Kinder 6-14 Jahre), 20,00 € (Erwachsene)
- Vorbuchung: www.vivaticket.it

„The Palace with a Tale to Tell":

- 80,00 € pro Familie (im Preis sind schon Eintrittskarten inbegriffen), nach Vorauszahlung
- Vorbuchung (mindestens 10 Tage vor dem Termin): msn.visitmuve.it/en/

## *Museum für Naturgeschichte*

Das Naturkundemuseum ist im wunderschönen Palast aus dem 13. Jahrhundert *Fondaco dei Turchi* im Stadtteil Santa Croce direkt am Canal Grande untergebracht. *Die reichen Sammlungen beinhalten Bereiche wie Botanik, Zoologie, Ethnographie und zeigen den Besuchern etwa zwei Millionen Exponate.*

Besonderer Hingucker ist dabei ein 7 m langes **Skelett des Dinosauriers** *Ouranosaurus*, wie auch ein Tierschädel der ausgestorbenen *Gattung Sarcosuchus* (ähnlich Krokodil). Im Dinosauriersaal kann bei Kindern keine Langeweile aufkommen.

Neben anderen naturkundlichen Schausammlungen (Fossilien, usw.) und vielfältigen Wechselausstellungen, findet man im 3. Geschoss des Museums **ein Aquarium** (mit über 5.000 Liter Inhalt). Die reiche **Museumsbibliothek** umfasst ungefähr 40.000 Bücher. Im Museum besteht auch ein Bildungsangebot für Familien (auf Italienisch oder Englisch), das anderthalb Stunden dauert und auf familienfreundliche Weise durch das Museum führt.

- Salizada del Fontego dei Turchi, 1730
  Santa Croce
  Vaporetto: Linie 1 oder 5.2
- *Jun.-Okt.* Di.-So. 10:00-18:00 Uhr | *Nov.-Mai* Di.-Fr. 09:00-17:00 Uhr, Sa.-So. 10:00-18:00 Uhr. Kasse wird eine Stunde vor Schließzeit geschlossen.
- frei (Kinder bis 5 Jahre), 5,50 € (Kinder 6-14 Jahre), 8,00 € (Erwachsene)
- Bildungsangebot für Familien: 80,00 Euro je Familie (Eintrittskarten sind im Preis schon inbegriffen), nach Online-Buchung (mindestens 10 Tage im Voraus) und Vorauszahlung
- Vorbuchung: msn.visitmuve.it/en

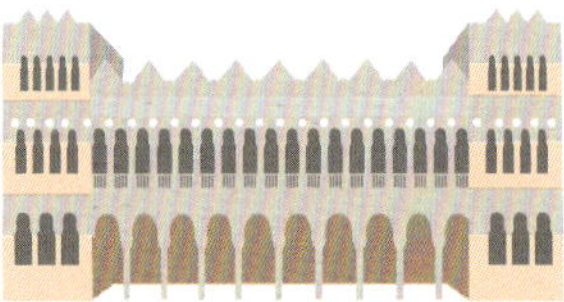

## *Peggy Guggenheim Sammlung*

Sonntags um 15 Uhr wird ein **Workshop für Kinder** angeboten (1,5 Stunden)! **„Kids day"** ist auf Kinder zwischen 4 und 10 Jahren zugeschnitten. Die künstlerische Aktivität (z. B. beim Basteln) **macht Kinder mit moderner und zeitgenössischer Kunst vertraut**. Der Workshop beginnt mit einer Auswertung eines Werkes aus der Dauerausstellung. Hier können Kinder ihr erworbenes Wissen testen, erlebte Erfahrungen wiedergeben und selbst künstlerisch tätig werden.

Die Kommunikation läuft normalerweise zwar auf Italienisch und Englisch, dennoch wird sie entsprechend der Sprachherkunft der Kinder angepasst. Selbstverständlich können Eltern ihre Kinder während des Programms begleiten.

Außerdem bietet das Museum ein umfangreiches **Kunstangebot für die ganze Familie** an. Die Ausstellung widmet sich überwiegend der **modernen Kunst des 20. Jahrhunderts** (Abstrakter Expressionismus, usw.) und zeichnet sich mit seinen vielseitigen Räumen aus. Der schöne Garten mit seinen Skulpturen und die schicke Dachterrasse fallen besonders auf. Im heutigen Museumsgebäude lebte 30 Jahre lang die amerikanische **Kunstsammlerin Peggy Guggenheim** bis zu ihrem Tod im Jahr 1979.

↓ *Einer der unzähligen Kanäle der Lagunenstadt*

- Dorsoduro 701
  Vaporetto: Linie 1 oder 2
- täglich (außer dienstags) 10:00-18:00 Uhr
- Museum: kostenlos (Kinder bis 10 Jahre), 9,00 € (Kinder 10-18 Jahre und Studenten), 15,00 € (Erwachsene)
- „Kids day"
  - jeden Sonntag um 15:00 Uhr
  - Voranmeldung (2 Tage vorher) ist jedoch per Telefon erforderlich: +390412405444
  - kostenlos

## Das Schifffahrtsmuseum

Das mehrstöckige Museum *Museo Storico Navale* befindet sich im ehemaligen Getreidespeicher im Stadtgebiet Castello und befasst sich mit der Geschichte der Seefahrt mit Augenmerk auf die venezianische und italienische Marine.

*42 verschiedene Ausstellungsräume beherbergen eine Vielzahl an Ausstellungsstücken, insbesondere Schiffsmodelle und andere Wasserfahrzeuge (wie U-Boote, Galeeren, alte Gondeln), Waffen, Stadtpläne, Uniformen und andere Exponate.*

Das spannende Marinemuseum fasziniert selbstverständlich auch kleine Museumsbesucher mit seinen historischen Kriegsschiffen und Schiffsausrüstungen.

- Riva S. Biasio, 2148 Castello
  Vaporetto: Linie 1, 4.1, 4.2
- täglich 08:45-17:00 Uhr |
- frei (Kinder bis 6 Jahre), 3,50 € (Kinder 6-14 Jahre, Studenten), 5,00 € (Erwachsene)
- www.marina.difesa.it

↓ *Insel San Giorgio Maggiore*

# Ausflugsmöglichkeiten: Lagune mit Inseln

Auf den vier prächtigsten Inseln Venedigs ist für jeden etwas dabei! Sie sind nahezu perfekt für Ausflüge mit der ganzen Familie.

## *Blick auf die Lagune: Insel San Giorgio Maggiore*

Für nur 6,00 € kann man mit dem Aufzug den Kirchturm von San Giorgio Maggiore hochfahren und einen grandiosen Ausblick auf die Lagunenstadt genießen. Die Kirche stammt aus dem 16. Jahrhundert und zeigt schöne **Wechselausstellungen**. Kurze Wartezeiten garantieren Ihnen einen angenehmen Aufenthalt und ein atemberaubendes Panorama.

Vaporetto: Linie 2

Empfohlene Aufenthaltsdauer: bis 30 min

↓ *Strandspiele auf dem Lido*

## *Badevergnügen: Insel Lido*

### Aktivitäten

Mit zahlreichen Sonnenstunden und ungefähr **12 km goldenem Sandstrand** ist Badespaß garantiert. Dort können Ihre Kinder im seichten Wasser gefahrlos planschen, sich austoben oder am Strand Muscheln sammeln.

Erwachsene kommen ebenfalls auf ihre Kosten, denn auf den sandigen Dünen kann die Zeit mit der ganzen Familie genossen werden. Es gilt zu beachten, dass manche Grundstücke des Strandgebiets zu privatem Eigentum gehören. Deshalb unbedingt die öffentlichen, gekennzeichneten Badeflächen benutzen!

Vaporetto: Linie 1, 2, 5.1 usw. Die Strände sind vom Fährterminal *Santa Maria Elisabetta* in 10-15 Gehminuten zu erreichen.

Empfohlene Aufenthaltsdauer: Halbtags- oder Tagesausflug

Darüber hinaus empfiehlt es sich, dass Reisende als Transportmittel Fahrräder nutzen, mit denen man weitaus besser vorankommt. Diejenigen, die Strandzubehör, wie Schirm, Strandkorb, usw., ausleihen wollen, haben die Qual der Wahl. Auch ein Mittagessen auf der Insel mit der ganzen Familie ist möglich.

TIPP *Fahrradverleih (Venice Bike Rental) bietet Fahrräder für Erwachsene und Kinder, ebenso besondere Wagen für Familien (Viersitzer-Fahrrad) an. Fahrräder bekommt man für ca. 9,00 Euro pro Tag, Familienwagen für ca. 45,00 Euro.*

Gran Viale Santa Maria
Elisabetta 79a, 30126 Lido

*Mai-Okt.* täglich
09:00-19:00 Uhr

+390415261490

### Gastronomie

**Pizzeria La Taverna**

Wunderbares italienisches Essen mit großer Auswahl an Pizzen und Nudeln. Erwarten Sie eine angenehme Stimmung. Preise sind erschwinglich, Reservierung empfohlen!

Via Tiro 9, 30126 Lido

Fr.-Mi. 19:00-22:00 Uhr
Donnerstags geschlossen

+390415261674

## *Prachtvolle Glaskunst: Insel Murano*

### Aktivitäten

Ein Spaziergang entlang Glasbläsereien mit Verkaufsständen ist eine lehrreiche Begegnung für Kinder.

Vaporetto: Linie 4.1, 4.2, usw.
Fährterminal: Murano Faro, Colonna, usw.

Empfohlene Aufenthaltsdauer: bis 2 Stunden

- **Museo del Vetro**: Das Museum stammt aus dem Jahr 1861 und stellt die Geschichte des Glases vor. Augenmerk liegt auf dem hiesigen Muranoglas. Die außergewöhnliche

Technik der Glasherstellung, die auf einer mittelalterlichen Tradition beruht, wird durch abwechslungsreiche Ausstellungen untermalt.

Fondamenta Giustinian 8, 30141 Murano

*Apr.-Okt.* täglich 10:00-18:00 Uhr | *Nov.-Mrz.* 10:00-17:00 Uhr

frei (Kinder bis 6 Jahre), 7,50 € (Kinder 6-14 Jahre, Studenten), 10,00 € (Erwachsene)

- **Duomo di Murano Santi Maria e Donato:** schöne Kirchenräume sind mit großflächigen Fußbodenmosaiken belegt (12. Jahrhundert).

Campo San Donato 11, 30141 Murano

### Gastronomie

**Osteria al Duomo**

Eine üppige Auswahl an Pizzen und Fischgerichten mit annehmbaren Preisen und einem stimmungsvollen Ambiente im Garten.

Fondamenta Antonio Masghio 20-21, 30141 Murano

täglich 11:00-22:00 Uhr

+390415274303

## *Farbenfreudiges entdecken: Insel Burano*

### Aktivitäten

Bei einem Spaziergang entdecken Sie ein überwältigendes **Farbenspiel der Hausfassaden** (Rot, Blau, Grün, Violett u. v. m.) auf dieser Insel! Die Entfernungen sind kurz, sodass man die ganze Insel und die angrenzende Insel Mazzorbo, mit ihren Weinbergen, über eine Holzbrücke gemütlich begehen kann.

↓ *Vase aus Muranoglas*

Vaporetto: Linie 12.
Fährterminal: Burano.

Empfohlene Aufenthaltsdauer: bis 2 Stunden

- **Museo del Merletto:** Das kleine Museum zeigt die spannende Geschichte und Entwicklung der weltbekannten Spitzenstickerei dieser Insel. Für wissbegierige Familien besteht auch ein zweistündiges Bildungsangebot (auf Englisch).

  Piazza Galuppi 187, 30142 Burano

  *Apr.-Okt.* täglich 10:00-18:00 Uhr | *Nov.-Mrz.* 10:00-17:00 Uhr

  frei (Kinder bis 5 Jahre), 3,50 € (Kinder 6-14 Jahre, Studenten bis 25 Jahre), 5,00 € (Erwachsene)

  museomerletto.visitmuve.it/en

- **Martina Vidal Venezia:** Ein dreistöckiges Kunstatelier beherbergt reiche Sammlungen der einzigartigen Spitzenstickereien und anderer wertvoller Artikel. Sogar ein schicker Garten für Gäste gehört zu diesem kreativen Geschäft.

  Via San Mauro 309, 30142 Burano

  täglich 09:30-18:00 Uhr

## Gastronomie

### Ristorante Pizzeria Principe

Das Restaurant lädt mit seiner umfangreichen Speisekarte (vielfältige Pizzen, Nudelgerichte, Meeresfrüchte und verschiedenartige Speisen) zu einem vollkommenen Familienbesuch ein. Die Preise sind für Venedig sehr moderat.

Fondamenta S. Mauro 455, 30142 Burano

Mo.-Fr. 11:00-17:00 Uhr,
Sa.-So. 11:00-21:00 Uhr

+39041735067

### *Insel Torcello*

*Etwas nordlich von Burano befindet sich die ruhige Insel Torcello. Hier treffen **verborgene Schätze der Natur und Geschichte** aufeinander. Alle Geschichtsliebhaber sollten die Kirche **Santa Fosca** sowie die Basilika **Santa Maria Assunta** nicht verpassen. Zum Fotografieren eignen sich die kleine **Teufelsbrücke** und **Attilas Thron**!*

*Vaporetto: Linie 12 (Fährterminal: Burano), danach Linie 9 (Fährterminal: Torcello).*

*Bunte Häuser in Burano →*

## Weitere Attraktionen

### Stadtmuseum Correr

Das Gebäude steht direkt am Markusplatz und widmet sich Kunstwerken und Skulpturen, außerdem sind **auch Bücher, alte Karten, Münzen und andere Exponate** zu sehen. Man kann in dem Museum auch andere Räume und Einrichtungen, wie z. B. die Nationalbibliothek, anschauen.

*Apr.-Okt.* täglich 10:00-18:00 Uhr (Kassenschluss um 17:00 Uhr) | *Nov.- Mrz.* täglich 10:00-17:00 Uhr (Kassenschluss um 16:00 Uhr)

Siehe „Museumspässe" auf Seite 46.

### Insel Ghetto

Ghetto ist der ursprüngliche Name **eines jüdischen Wohnviertels** in Venedig, auf welchem die jüdische Bevölkerung seit 16. Jahrhundert lebte. Der allgemeine Ausdruck „Ghetto" geht aus dem Namen dieser Insel hervor, die heute das Museum Ebraico, fünf Synagogen sowie einige jüdische Läden und Restaurants beherbergt. Der besondere

*Interessante Ecken gibt es in Venedig überall →*

Flair dieser Insel ist noch heute im pulsierenden Kulturleben der jüdischen Gemeinschaft zu spüren.

Insel Ghetto im Stadtgebiet Cannaregio

## Theater La Fenice

**Das weltbekannte Opernhaus** *Gran Teatro La Fenice di Venezia* begeistert mit seinem prächtigen Zuschauerraum. Unter anderen nutzte der Opernkomponist **Giuseppe Verdi** diese Theaterbühne für seine Spektakel.

Campo San Fantin, 1965 San Marco

täglich 09:30-18:00 Uhr

Preise sind abhängig von der entsprechenden Aufführung

Buchungen: www.teatrolafenice.it

↑ *Zuschauerraum des Teatro La Fenice*

### Museumspässe

*Wenn man die Museen ausgiebig erkunden möchte, kann man verschiedene Museumspässe online erwerben. Dabei ist besonders von Vorteil, dass **die Familienkarte** (mindestens zwei Erwachsene und ein Kind von 6-14 Jahren), zu einem vergünstigten Preis verfügbar ist.*

***Buchungen**: www.palazzoducale.visitmuve.it/en/pianifica-la-tua-visita/tickets*

**Kleiner Museumspass**

*frei (Kinder bis 5 Jahre), 13,00 € (Kinder 6-14 Jahre, Studenten bis 25), 20,00 € (Erwachsene)*

*Enthält: vier Museen des Markusplatzes: Palazzo Ducale, Museo Correr, Museo archeologico nazionale, Sale monumentali della Biblioteca Nazionale Marciana.*

**Großer Museumspass**

*frei (Kinder bis 5 Jahre), 18,00 € (Kinder 6-14 Jahre, Studenten bis 25), 24,00 € (Erwachsene)*

*Enthält: neben den genannten Museen des Markusplatzes noch das Museum für Naturgeschichte, Museo del Vetro (Murano), Museo del Merletto (Burano), Paläste Ca' Rezzonico und Ca' Pesaro, Museum in Palast Mocenigo, Carlo-Goldoni-Haus.*

## Palast Ca' d'Oro

Einer der schönsten Paläste Venedigs stammt aus der **venezianischen Gotik** und beherbergt die bekannte Kunstgalerie *Galleria Giorgio Franchetti alla Ca' d'Oro*. Die attraktive Stirnseite ist mit kunstvollen Gewölben geschmückt und schon vom Canal Grande zu sehen.

Cannaregio 3932

Mo. 08:15-14:00 Uhr, Di.-So. 08:15-19:15 Uhr

frei (bis 18 Jahre), 5,50 € (18-25 Jahre), 11,00 € (Erwachsene). 1. Sonntag im Monat gratis.

## Frarikirche

Die römisch-katholische Kirche *Santa Maria Gloriosa dei Frari* ist eine der bedeutendsten Sakralbauten in ganz Venedig. Die Kirchenräume haben unermessliche **Kunstschätze, Gemälde, Skulpturen, Grabmäler und Mausoleen** aufzuweisen.

Campo dei Frari, 3072 San Polo

Mo.-Sa. 09:00-18:00 Uhr, So. 13:00-18:00 Uhr

3,00 €. Gegen Aufpreis (2,00 €) ist eine Audioführung möglich, 1,50 € (ermäßigt)

## Bruderschaft Scuola Grande di San Rocco

Der zweistöckige Palast der Bruderschaft *Scuola Grande di San Rocco* besticht durch seine reich verzierten Räume, insbesondere die wertvollen **biblischen Wand- und Deckengemälde** fallen ins Auge.

Campo San Rocco, 3052 San Polo

täglich 09:30-17:30 Uhr

frei (bis 18 Jahre), 8,00 € (bis 26 Jahre), 10,00 € (Erwachsene)

↓ *Kirche Santa Maria della Salute*

## Museum Gallerie dell'Accademia

Italienische Gemälde namhafter Künstler, wie **Carpaccio, Tizian und Tintoretto**, machen alle Kunstfreunde glücklich.

Campo della Carità, 1050 Dorsoduro

Mo. 08:15-13:00 Uhr, Di.-So. 08:15-18:15 Uhr

frei (bis 18 Jahre), 6,00 € (18-25 Jahre), 12,00 € (Erwachsene). Zzgl. Reservierungsgebühr (1,50 € pro Person).

Buchungen: www.gallerieaccademia.it

## Kirche Santa Maria della Salute

Die Barockkirche wurde 1630 anlässlich der **Erlösung von der Pestepidemie**, der ungefähr ein Drittel der Einwohner Venedigs erlagen, erbaut. Die Spitze der angrenzenden Landzunge ermöglicht es, **herrliche Ausblicke auf den Canal Grande** zu genießen.

Fondamenta Salute, 30123 Dorsoduro

Kirche: täglich 09:00-12:00 Uhr und 15:00-17:30 Uhr

frei

# Impressum

Besuchen Sie uns auf **Facebook/Familienreiseführer** oder scannen Sie einfach den QR-Code:

**Familienreiseführer „Venedig" – Mit Kindern durch die Stadt**



*Auch aus der Reihe **Familienreiseführer**:*

- ***Slowenische Küste mit Umgebung*** *(2016)*
- ***Kroatische Küste: Istrien*** *(ab 2019)*

ISBN 978-3-943987-94-2
2. Auflage 2019
Hergestellt in Deutschland
www.familia-verlag.de

**Redaktion und Recherche:** Robert Petruša
**Herausgeber:** Steffen Koch
**Korrektorat:** familia Verlag
**Satz, Layout, Illustrationen:** Martina Jelušič
**Wasserverkehrskarte** auf Seite 14–15: VE.LA. S.p.A. (www.actv.it)
**Fotografien:** Titelbild (skylark/Pixabay)

Fotos von Pixabay auf den Seiten: 4 (Unsplash), 6 (Mariamichelle), 9 (Ben_Kerckx), 20 (Gellinger), 23 (karl_andrich), 27 (mintchipdesigns), 28 (EdiHoch), 29 (dvcp), 30 (WikimediaImages), 32 (strecosa), 38 (rimbiky), 39 (DariuszSankowski), 41 (Stain_Marylight), 43 (ewka_pn), 44 (Peggy_Marco), 45 (ericdefouillhoux), 47 (Pixaline).

Fotos auf den Seiten 13, 18 und 37: Andrejka Cunjac.



## *Zeichenerklärung*

- Adresse / Zugangsweg / Veranstaltungsort
- Öffnungszeiten / Veranstaltungsdatum
- Telefonnummer
- Preis / Eintritt
- Führungen
- Internetseite / E-Mail
- mehr Informationen